Wer weiß was über
Schwertträger und Platies ?

Helmut Stallknecht

Tetra Verlag GmbH

Frontcover: Schwertträger, *Xiphophorus helleri*, Zuchtform Koralle

Backcover: Platy, *Xiphophorus maculatus*, Zuchtform Gelb, Wagtail-Pinselschwanz

Fotonachweis:

D. Bork Titel, 3, 90, 13, 16, 23, 29, 42 o., 45 o., 46 o., 47, 48 M., 48 u., 63, O. Böhm 24, 37 u., 38 o., 41, H.-G. Evers 10 u., 30, 39, 40 M., 40 u., 45 u., 51, 53, 54, J. Glaser Rücktitel, 5, 6, 14-15, 19, 22, 26, 42 u., 43, 44 o., 44 u., 46 u., 49, 50, 52 o., 55, 56-57, 58, B. Greger 8, 9 u., 11, 60, 61 o., 61 M., 61 u., Dr. H.-J. Herrmann 12, 18, 34, H. Linke 25, 27, 33, 36 o., H.-J. Mayland 12 u., 37 o., 40 o., 48 o., H. Pinter 17, 52 u., 64, H.-J. Richter 7, 20 o., 20-21 u., 35, E. Schraml 38 M., 38 u., F. Teigler (A. C. S.) 4, 100, Verlagsarchiv 59, 62, U. Werner 28 o., 28 u., 31, 36 u.

Der Verlag dankt A. C. S., aus deren Archiv einige Illustrationen übernommen werden konnten.

© **2000 Tetra Verlag GmbH**
  Sandgrubenweg 5, D-49143 Bissendorf-Wulften

1. Auflage 2000

Druck: Mediaprint Paderborn

ISBN: 3-89745-182-4

Inhalt

Platy,
Xiphophorus
maculatus,
Zuchtform Blau

rechts:
Platypaar,
Zuchtform
Rot Wagtail

Von Anfängerfischen zu Forschungsobjekten

Neben dem allgemein bekannten Guppy sind Schwertträger und Platy die ersten Fische, die man als neuer Aquarianer kennenlernt. Sie werden unter den sogenannten Anfängerfischen aufgezählt, weil sie keine außergewöhnlichen Ansprüche an Wasser oder Futter stellen, friedlich sind und die für Einsteiger faszinierende Eigentümlichkeit besitzen, lebendige Jungfische hervorzubringen. Nur wenige Jahre fehlen noch, dann sind diese Tiere 100 Jahre als Aquarienpfleglinge bekannt. Auch damals waren die Liebhaber tropischer Fische begeistert, ohne große Mühen die Fortpflanzung dieser mittelamerikanischen

*Schwertträger,
Zuchtform
Schwarz*

Kärpflinge erleben und die schon relativ groß geborenen Jungtiere aufziehen zu können. Andere damals bereits bekannte Exoten waren zwar farbiger als die graugrünen oder grau mit schwarzen Punkten importier-

ten Wildfänge, aber mit diesen bunteren Fischen gab es in der Pflege, vor allem aber bei der Zucht große Schwierigkeiten, weil man die Wasserzusammensetzung der Heimatgebiete noch nicht nachahmen konnte.

So traten Platies ab 1907 und Schwertträger ab 1909 einen förmlichen Siegeszug durch die Aquarien Europas an. Viele Menschen wurden erst durch diese Fische und um deren Leben und Fortpflanzung verfolgen zu können, zu Aquarienbesitzern. Aber nicht nur Aquarianer, auch Wissenschaftler begannen sich schon nach wenigen Jahren mit diesen leicht vermehrbaren Fischen zu befassen. Man hatte nämlich nach der gelungenen Ersteinführung aus allen damals leicht erreichbaren Gewässern Mexikos solche Tiere nach Europa und in die USA gebracht. Damals gab es nur wenige Firmen, die sich auf den Import exotischer Tiere spezialisiert hatten. Sie beauftragten Matrosen, die in den Hafenstädten von Einheimischen gesammelte Fische aufkauften und sich somit einen Nebenverdienst verschafften. Daher wußte kaum jemand etwas über die natürlichen Vorkommen. So kamen Platies und Schwertträger zwar grundsätzlich aus Mexiko, später auch aus Guatemala, doch stammten sie, wie wir heute wissen, aus verschiedenen Flußsystemen und bildeten dort natürlich begrenzte Populationen.

Schwertträger-Männchen besitzen eine schwertförmig ausgezogene Schwanzflosse, Zuchtform Gelb Wagtail

Die Pflege ist leicht

In den Jahren der Einfuhr besaßen die Aquarianer noch geringe Kenntnisse über die Lebensumstände der Fische in der Natur. Praktisch wußte man nur, daß es dort wesentlich wärmer als bei uns im Sommer werden kann, also richtete sich die Pflege zunächst auf das Garantieren einer Mindesttemperatur von 20 bis 25°C. Elektrische Heizer waren noch unbekannt, und so nutzte man im Sommer neben dem Licht auch die Sonnenwärme in Fensternähe, während im Winter ein Platz unweit des Ofens einen Temperaturabfall verhindern sollte. Dadurch entstanden wieder andere Probleme – mal war es zu warm, mal war es zu kühl, die Pflanzen gingen aufgrund des Lichtmangels ein, und es herrschte Sauerstoffnot – man sprach von Herbst- und Wintersterben.

Selbst unter diesen Bedingungen überlebten genügend der Importtiere, und es kam bereits zu ersten Nachzuchten. Auch unter natürlichen Bedingungen finden diese Fische nämlich nicht ununterbrochen Idealbedingungen vor. Regen- und Trockenzeit führen zu wechselnden Wasserständen, aber auch zu sich ändernden Wasserqualitäten. Eindunstende Tümpel, die nur während der Regenzeit Verbindung zu den Fließgewässern haben, sind gegen Ende der Trockenzeit schlammig, trübe und sauerstoffarm, weil die Sonne unerbittlich Tag für Tag die Temperaturen in Ufernähe auf fast 40°C erwärmen kann. So wurden schon die natürlichen Populationen auf eine gewisse Elastizität gegenüber Umweltbedingungen ausgelesen – wer solche Extreme nicht vertrug, stand in der nächsten Regenzeit als Fortpflanzungspartner nicht mehr zur Verfügung.

Das heißt nun nicht, daß wir unsere Aquarienfische gelegentlich bis an den Rand der Überlebensfähigkeit strapazieren sollten! Tatsächlich ist es aber so, daß in gut gepflegten Aquarien bessere Lebensbedingungen herrschen, als viele reisende Aquarianer sie in den Heimatgebieten der Fische angetroffen

haben. Das muß deshalb betont werden, weil gelegentlich von unkundiger Seite die Pflege von Aquarienfischen als Tierquälerei bezeichnet wird.

Zur Quälerei kann die Haltung im Aquarium allerdings werden, wenn die Fische in zu engen Behältern, mit zu hoher Besatzdichte und bei überdimensionierten Futterportionen zusammengepfercht werden. Auch die als anspruchslos angesehenen Platies und Schwertträger entwickeln sich nur gut, wenn man den heute möglichen technischen Aufwand mit Filterung, Teilwasserwechsel und sinnvoller Fütterung betreibt.

Auch in den Futteransprüchen kommen Lebendgebärende Zahnkarpfen dem Pfle-

Bei Platymännchen ist die Schwanzflosse gewöhnlich rund ausgebildet, Zuchtform Gelborange Wagtail

ger weit entgegen: Es gibt nur ganz wenige Futterspezialisten, z. B. Raubfische, die auf lebende Beute angewiesen sind. Die Mehrzahl der Arten nimmt das

7

heute übliche Kunstfutter gut an; da es im Handel auch verschiedene gefrostete Futtertiere ständig gibt, kann man schon so das Angebot abwechslungsreich gestalten. Lebende „Wasserflöhe" haben den Vorteil, daß sie im Darm auch einzellige Algen enthalten, und pflanzliche Nahrung ist für Lebendgebärende wichtig. Platies und Schwertträger sind den gesamten Tag über auf Futtersuche. Sie bearbeiten mit tupfenden Maulbewegungen die Blätter der Wasserpflanzen und entfernen Algen, suchen am Boden nach Pflanzenresten und finden dort auch das Futter, das bei zu reichlichen Gaben liegen geblieben ist. Ein Hungertag pro Woche ist für die Kondition der meisten Aquarienfische vorteilhafter als mehrfache tägliche Fütterung bis zur Sättigung.

Man muß nämlich bedenken, daß diese emsigen Futtersucher auch ständig Kot abgeben. Der löst sich zum Teil im Wasser auf, und diese unsichtbaren Bestandteile der Verdauungsreste belasten das Aquarienwasser erheblich. Deshalb kommt man auch bei bester Filterung um Teilwasserwechsel nicht herum. Es genügt nicht, das verdunstete Wasser aufzufüllen. Mit der Frischwassergabe erfolgt nämlich zusätzlich eine Ergänzung des Mineralstoffangebotes, denn sowohl Pflanzen als auch wachsende Fische entnehmen dem Wasser die zum Aufbau ihrer Körper erforderlichen mineralischen Bestandteile.

Für sich halten oder vergesellschaften?

In fast jedem Gesellschaftsaquarium werden neben Salmlern, Barben, Labyrinthfischen oder Buntbarschen auch Lebendgebärende Zahnkarpfen

Eine Platy-Gruppe im Aquarium ist immer attraktiv, Zuchtform Rotorange Wagtail

gehalten. Das entspricht insbesondere der Anfängersituation. Man will so viele Arten wie möglich kennenlernen, ehe eine Spezialisierung auf besonders bevorzugte Fische einzusetzen beginnt. Erfahrene Aquarianer empfehlen zwar immer wieder, dabei des Guten nicht zuviel zu tun, aber der erste Fortschritt eines Anfängers besteht gerade in der Eigenbeschränkung, und dazu muß man das anfängliche Durcheinander selbst satt haben.

Nun ist das Gegenteil eines Fehlers oft ein anderer Fehler. Hält man nämlich jede Fisch-Art nur separat in einem Aquarium, dann bleiben oder werden diese Tiere scheu. Offenbar orientieren sich manche mehr, andere weniger an den Verhal-tensweisen der mit ihnen verge-sellschafteten Fische. Wenn also zum Beispiel Guppies oder Platies unbeeindruckt herum-schwimmen, kommen auch scheuere Arten hervor. Hält man

Gesellschafts-aquarium mit Platies

Schwertträger-Zuchtform Schwarz Lyra

dagegen Platies oder Schwertträger für sich, so erlebt man, daß die gesamte Gruppe zwischen den Pflanzen steht und nur zur Fütterung hervorkommt. Damit sind die Beobachtungsmöglichkeiten stark eingeschränkt.

Übrigens kommen in natürlichen Gewässern jeweils mehrere Arten vergesellschaftet vor, und manche leben geradezu von der Anwesenheit der anderen, indem sie diese verzehren. So

Schwertträger-Zuchtform Rot Simpson

weit soll unsere Vergesellschaftung im Aquarium nicht gehen – vielmehr sind Aquarianer bemüht, mehrere miteinander gut auskommende Arten zusammen zu pflegen. Dabei gibt es jedoch Einschränkungen, die besonders bei Lebendgebärenden Zahnkarpfen beachtet werden müssen. Gerade Schwertträger und Platies sind auf Grund ihrer nahen Verwandtschaft auch kreuzbar, so daß eine Schwertträger-Zucht- oder Wildform eher mit Mollies oder Guppies als mit einer Platy-Zucht- oder Wildform zusammen gehalten werden sollte. Auch die Anwesenheit beider Geschlechtspartner verhindert Kreuzungen nicht. Sie kommen sogar in natürlichen Gewässern vor.

In Gesellschaftsaquarien, so wird meist empfohlen, sollten Fische zusammengestellt werden, die in einem Vorzugsbereich leben. Panzerwelse zum Beispiel am Boden, Hechtlinge in Oberflächennähe, Barben oder Salmler im Mittelwasserbereich.

Wo leben Lebendgebärende bevorzugt? Unter natürlichen Bedingungen findet man sie – von spezialisierten Ausnahmen abgesehen – in allen Wasserzonen, doch mit Tendenz zur Oberfläche. So verhalten sie sich auch im Aquarium. Eben noch an einer Wurzel Algen abzupfend, schwimmen sie zur Oberfläche und nehmen für uns nicht sichtbare Partikel vom

Wasserspiegel, tauchen schnell ab zum Bodengrund und fressen dort an einem sich zersetzenden Blatt. Ständig auf Futtersuche, gibt es keinen Bereich, den sie bewußt bevorzugen oder meiden.

Das macht Lebendgebärende Zahnkarpfen, besonders Platy- und Schwertträger-Arten sowie -Zuchtformen zu idealen Beifischen nahezu aller Gesellschaftsaquarien. Ihre ständige Freßbereitschaft läßt sich gut gegen drohenden Algenwuchs ausnutzen. Und wurde einmal etwas zuviel gefüttert, so sind diese unablässig Futter suchenden Fische in der Lage, drohenden Wasserverschmutzungen vorzubeugen. Andererseits löst ihre Anwesenheit das Territorialverhalten kleiner Buntbarsch-Arten aus, und manche dieser Fische pflegen ihre Brut wesentlich besser, wenn sich ein paar Schwertträger im Aquarium befinden. Sie sind auch robust genug, den einen oder anderen „Knuff" zu vertragen.

Wieder andere Aquarianer setzen bewußt mehrere Weibchen von lebendgebärenden Arten zu ihren bevorzugten Fischen, weil sie rhythmisch Jungfische hervorbringen und damit zum Beutespektrum beitragen.

Gar keine Einschränkungen? Im Grunde nicht, doch soll nicht verschwiegen werden, daß auf der Futtersuche auch fadenförmige Flossenanhänge anderer Fische zum Zupfen einladen und hungrige Schwertträger

durchaus Skalaren lästig fallen können. Sie sind auch groß genug, um in ihrer „Gewichtsklasse" andere Fische zu dominieren und deren Lebensabläufe zu stören. Platies und Papageienkärpflinge neigen dazu weniger.

Von solchen wenigen Ausnahmen abgesehen, sind Platies und Schwertträger ebenso wie Papageienkärpflinge vielseitig

Platies, Zuchtform Gold, in einem dekorativen Aquarium

im Gesellschaftsaquarium verwendbar, vor allem nach einer Neueinrichtung können sie aufkommenden Algenwuchs verhindern, wenn die Pflanzen noch nicht in der Lage sind, das vorhandene Nährstoffangebot des Aquariums auszunutzen.

Mühelos Jungfische

Obgleich bei der Einfuhr der ersten Platies prinzipiell bereits Lebendgebärende Zahnkarpfen bekannt waren, gab es doch beim Auftreten der ersten Jungfische einige Überraschungen. Zunächst kamen nämlich vor allem einzelne trächtige Weibchen an, die alsbald Jungfische absetzten. Erstaunt war man, daß etwa vier Wochen später erneut Junge geworfen wurden, ohne daß zwischenzeitlich Kontakt mit einem Männchen bestanden hatte. Tatsächlich gilt für alle Lebendgebärenden Zahnkarpfen, daß eine einmalige Begattung für mehrere Würfe ausreicht. Experimente ergaben, daß bis zu neun Würfe ohne erneute Verpaarung hervorgebracht werden können. Das ist übrigens auch im Zusammenhang mit den Trockenzeiten in den Heimatgebieten zu sehen: Das letzte überlebende Weibchen in einem kleinen, fast vollständig ausgetrockneneten Tümpel kann eine neue Population aufbauen. Züchterisch hat das allerdings Konsequenzen, auf die wir später noch eingehen werden.

Die Jungfische entwickeln sich im Körper der Mutter in geschlossenen Eihüllen. Die reißen erst beim Passieren des Geburtskanals, so daß die Fische eigentlich weit entwickelte Eier legen, denen erst während der Geburt, manchmal erst kurz danach, die Jungfische entschlüpfen. Sie tragen noch einen Dot-

Wildform des Schwertträgers, Xiphophorus helleri, vom Rio Sontecomapan

Platy-Zuchtform Koralle, oben Weibchen

tersack und können vorerst nicht frei schwimmen. Mit hüpfenden Bewegungen streben sie in die Pflanzen und legen sich dort erst einmal ab. Nach etwa zwei Stunden hat sich die Schwimmblase so weit gefüllt, daß die Jungfische im Wasser stehen können. Sie sind nun nicht mehr gefährdet, denn die Weibchen jagen den auffällig hüpfenden Neugeborenen nach, nicht den bereits schwimmenden.

Den meisten Aquarianern genügt es, ein paar durchkommende Jungfische aufzuziehen. Wer aber züchtet und auf be-stimmte Farben oder Formen Wert legt, muß daran interessiert sein, zunächst einmal jeden Jungfisch zu erhalten. Aus diesem Grunde wurden mancherlei Vorrichtungen ersonnen, die das Weibchen am Erhaschen der Jungfische hindern sollen. Die einfachste Methode ist das dichte Bepflanzen des Aquariums, aber eine Garantie für alle Jungfische ist damit nicht verbunden. Meist werden Gitterkäfige verwendet. Sie sollten das Weibchen nicht am Schwimmen hindern, aber trächtige Weibchen stehen ohnehin ruhig. Wichtig ist die Sauerstoffversorgung, die in kleinen Absatzbecken nur mit einer zusätzlichen Belüftung garantiert werden kann.

Umstritten ist, wann man die Weibchen vor der Geburt absetzen soll. Erfahrene Aquarianer sehen einem Weibchen an, ob die Geburt der Jungen unmittelbar bevorsteht und können das sogar bis auf ein paar Stunden genau voraussagen. Das setzt aber nicht nur langjährige Praxis voraus – man muß auch die betreffenden Weibchen kennen.

Weil es kritische Zeitpunkte zu geben scheint, ist es schon besser, sich den Wurfrhythmus eines Weibchens zu notieren. Die mit dem Umsetzen verbundene Beunruhigung kann zur Folge haben, daß das Weibchen die Eier vorzeitig abstößt und dieser Wurf verloren ist. Kennt man den Wurftermin durch seine Aufzeichnungen, so ist ein Absetzen etwa drei Tage vor der wahrscheinlichen Geburt unbedenklich. Selbst wenn es dann mitunter zum vorzeitigen Abstoßen kommt, sind diese Jungfische trotz ihrer großen Dottersäcke lebensfähig. Es können allerdings zwei Tage vergehen, ehe sie schwimmfähig werden.

Die Dauerhaltung von Weibchen in größeren Aquarien mit eingebauten Wurfkäfigen hat sich nicht bewährt. Besser ist es dann schon, das Becken mit einem Gitter zu teilen und das für die Jungfische vorgesehene Abteil heller zu halten als den Abschnitt, in dem die Weibchen ge-

pflegt werden. Allerdings ist dann nicht die Garantie gegeben, wirklich alle Jungfische zu gewinnen, weil andere Weibchen Jagd auf die frisch Geborenen machen. Aber um einen Stamm grundsätzlich zu erhalten, ist diese Methode geeignet.

Eine gewisse Gefahr geht von Kunststoffboxen mit scharfen Innenkanten aus, an denen sich die Weibchen verletzen können. Schließlich dürfen auch die Löcher nicht zu groß sein, weil junge Weibchen versuchen werden, die Köpfe hindurchzustecken. Deckt man die Box dunkel ab, so kann man den Vorteil nutzen, daß Jungfische immer ins Helle schwimmen, somit schnell aus der Reichweite des Weibchens kommen.

Balz und Kopulation

Nach einem Wurf kann man das Weibchen noch etwa einen Tag in der Box belassen, ehe man es zurücksetzt. Man hat in den ersten Tagen nach der Geburt auch eine gewisse Chance, die Verpaarung zu beobachten, zu der unter den üblichen Aquarienbedingungen wenig Anlaß besteht, denn die Weibchen sind ja dauernd trächtig. Ganz offenbar besteht aber innerhalb dieser wenigen Tage eine gewisse Bereitschaft, erneute Paarungen zuzulassen.

Die Geburt lebender Jungfische setzt ja voraus, daß die Eier im Leib des Muttertieres befruchtet werden. Dazu wiederum muß es zur Paarung kommen, um das männliche Sperma in den weiblichen Körper zu bringen. Es ist also notwendig, daß die Partner Schwimmpositionen einnehmen, bei denen diese Übertragung erfolgen kann.

Alle Männchen Lebendgebärender Zahnkarpfen besitzen in der umgewandelten Afterflosse ein Übertragungsorgan für das Sperma. Während bei den Weibchen die Afterflosse so breit entfaltet bleibt wie bei Jungfischen, bildet sich diese Flosse bei reifenden Männchen durch Verlängerungen einiger Flossenstrahlen spitz aus und wird später angelegt getragen.

Im Moment der Paarung klappt dieses „Gonopodium" genannte Organ nach seitlich vorn, wird eingeführt und transportiert in der dadurch gebildeten Röhre die zu Klumpen geballten Samenzellen. Erst im Körper des Weibchens erlangen sie die Bewegungs- und Befruchtungsfähigkeit.

Zwar sieht man in den Aquarien ständig treibende Männchen, echte Verpaarungen aber, die eigentlichen Kopulationen, finden recht selten statt. Wer während des Wasserwechsels

aufmerksam zuschaut, kann das Glück haben, eine Paarung zu sehen. Meist aber sind die dauerträchtigen Weibchen nicht zu Kopulationen stimuliert.

Um in die Positionen zu gelangen, die ein Einführen des Gonopodiums erlaubt, vollziehen die Männchen auffällige tanzende Balzbewegungen, die wegen ihrer vom sonstigen Schwimmverhalten abweichenden Bewegungsweise auf bevorstehende Paarungen aufmerksam machen können.

Am auffälligsten sind bei allen Schwertträgern die ruckartig um das Weibchen herum ausgeführten Sprünge, die von Phasen des Rückwärtsschwimmens unterbrochen werden. Da die nicht paarungsbereiten Weibchen ständig den fächelnden Schwanzflossenbewegungen der Männchen ausweichen, versuchen die Männchen immer wieder, durch die erwähnten Sprünge in eine für die Kopulation günstige Schwimmposition zu kommen. Diese Schwimm-

Platy-Zuchtform Rot Wagtail, oben Männchen

weisen erfordern viel Platz, und so soll gerade an dieser Stelle betont werden, daß für Schwertträger-Aquarien von mindestens einem Meter Länge erforderlich sind. In kleineren Behältern stoßen sich die überaus temperamentvoll schwimmenden Männchen während dieser Balzsprünge die Mäuler wund und können durch anschließende Pilzerkrankungen verloren gehen.

Alle Platy-Männchen testen die Kopulationsbereitschaft der

Männchen einer Schwertträger-Wildform vom Rio Sontecomapan bei der Bildung des Gonopodiums

Weibchen durch seitliches Auflegen neben der Rückenflosse. Sie gleiten dann neben dem Weibchen herab, werden meistens abgeschüttelt und versuchen erneut, sich neben der Rückenflosse des Weibchens anzuordnen.

Männliche Papageienkärpflinge führen eine Balz über dem Rücken der Weibchen aus, indem sie hin und her pendeln. Paarungsbereite Weibchen „stellen" sich dann leicht verkippt zur Kopulation, meist fliehen aber die Weibchen, werden vom Männchen verfolgt und erneut mit den wechselnden Seitwärtsbewegungen vor der Rückenflosse angebalzt.

Interessant ist, daß das Paarungsverhalten so fest vererbt wird, daß Bastarde der drei Arten stets Elemente der Elterntiere in sich vereinen. Das gestattet allerdings auch, nach Rückkreuzungen die Fische auf artfremde Balzelemente hin zu beobachten. Das erfreuliche Fazit: Sobald die Rückkreuzung erfolgt ist, entspricht das Fortpflanzungsverhalten in allen Elementen wieder reinen, niemals gekreuzten Tieren. Überprüfungen an Wildfängen ergaben, daß die Aquarienstämme kein Element der Balz verloren haben, wie oft oberflächlich behauptet wurde.

Tragzeit und Aufzucht

Über die genauen Tragzeiten gehen die Meinungen der Aquarianer etwas auseinander. Man kommt einander näher, wenn zwischen Wurfabständen und tatsächlicher Trächtigkeit unterschieden wird. Generell gilt, daß ein Zeitraum von etwa einem Monat vergeht, bis ein Weibchen erneut wurfbereit ist. Gelegentliche Beobachtungen von Wurfabständen weit unter dieser Zeit (21 bis 23 Tage bei verschiedenen Arten, aber auch bei unterschiedlichen Weibchen einer

Art) lassen vermuten, daß tatsächlich nur etwa drei Wochen zwischen der Befruchtung der Eier und dem Wurftermin vergehen. Die Weibchen bringen innerhalb einer Woche nach der letzten Geburt offenbar eine neue Serie befruchtungsfähiger Eier hervor (Ovulation), und damit erst beginnt die Trächtigkeit. Das aber kann man im Aquarium nicht beobachten.

Platy-Zuchtform Rot Schecke, oben Männchen

chen geradezu eine „Zielscheibe" für ihre Kopulationsversuche geboten. Wo allerdings solche Färbungen erfolgen, kann man den Entwicklungszustand der Jungen im Ei nicht sehen. Platies und Schwertträger jedoch (bis auf Zuchtformen, deren Zeichnungsmuster den Trächtigkeitsfleck verdecken, lassen die Eier gut erkennen. So sieht man unmittelbar vor der Geburt die Augen der noch im Ei befindlichen Jungfische sehr deutlich.

Geburt eines jungen Platies

Andererseits können äußere Einflüsse (Temperatur, Futter, Transport, schlechte Haltungsbedingungen) auch dazu führen, daß die Ovulation erst viel später stattfindet. Dann vergehen mitunter mehr als sechs Wochen, ehe der nächste Wurf bevorsteht.

Beim Erkennen des bevorstehenden Wurftermins stützen sich viele Praktiker auf den „Trächtigkeitsfleck" der Weibchen. Das ist eigentlich ein „Reifefleck", denn damit zeigen junge Weibchen an, daß sie geschlechtsreif sind. Am hinteren Leibesende, etwa über der Afterflosse, fehlt entweder ein Teil der die Eingeweide umhüllenden Haut, so daß die Ei-Entwicklung verfolgt werden kann. Oder durch zusätzliche Pigmenteinlagerungen wird den Män-

Im Vergleich zu eierlegenden Arten sind die Jungfische Lebendgebärender schon relativ groß und selbständig. Sie durchlaufen ja auch ihr Larvenstadium im Mutterleib, das ist ein gewaltiger Überlebensvorteil unter natürlichen Verhältnissen. Da sie nach dem Schwimmenlernen noch einen Tag vom Dottersack zehren können, muß spätestens vom zweiten Tag ihres Lebens an gefüttert werden. Auch da sind sie nicht wählerisch und nehmen Abrieb aller Trockenfutter-Arten an, wenngleich lebende Kleinkrebschen zu füttern besser ist; selbst im Mulm finden sie Nahrung.

Meist wird der Fehler begangen, die Jungfische zu lange in den oft nur kleinen Absatzbecken zu lassen. Es klingt logisch, daß große Fische große Aquarien brauchen, kleine also nur kleine. Vergessen wir aber bitte nicht, daß Jungfische innerhalb kurzer Zeit große Mengen an Nahrung umsetzen müssen, um ihr Wachstumspotential ausreizen zu können. Deshalb: Die großen Fische wachsen nicht mehr, ihre Individuenzahl ist geringer als die vielen Jungfische, die man aufziehen will. Also müssen Jungfische die größten verfügbaren Aquarien bekommen, während erwachsene Fische in mittelgroßen genügend Raum finden. Man soll sich da nicht täuschen – 100 junge Schwertträger können in einem 100 l fassenden Aquarium innerhalb von vier Mona-

Mitte: Paar der Papageienkärpfling-Zuchtform Rotorange, linls Männchen, unten: Männchen der Papageienkärpfling-Zuchtform Rot Simpson

Paar einer hochflossigen Papageien- kärpfling-Zucht- form, oben Weibchen

ten bis zur Geschlechtsreife auf- gezogen werden, wenn täglich ein Drittel des Wassers erneuert wird und die Futterzusammen- setzung und -menge stimmt. Die gleichen Fische würden in einem nur 50 l fassenden Aqua- rium fast die doppelte Zeit brau- chen, selbst wenn ebenfalls Was- ser gewechselt und das Gleiche gefüttert wird. Das scheint nicht logisch zu sein, hat aber eine recht einfache Begründung. Das kleinere Becken ist innerhalb kürzester Zeit so stark mit Stoffwechselprodukten angereichert, daß die Jungfische förmlich im eigenen Urin schwimmen. Solche Fische fressen nicht. Erst die nächste Frischwassergabe führt zur erneuten Ausscheidungsfähigkeit und damit wieder zur Futteraufnahme. Diese erfahrenen Züchtern bekannte Erscheinung spielt vielleicht für Liebhaber keine entscheidende Rolle, erklärt aber die in kleineren Aufzuchtaquarien gewöhnlich längeren Wachstumszeiten.

Männchen oder Weibchen?

Nach einem Vierteljahr spätestens sollten Jungfische erkennen lassen, ob es sich um Männchen oder um Weibchen handelt. Allerdings spielt die Erfahrung des Züchters dabei auch eine gewisse Rolle. Alle Jungfische sehen nämlich zunächst einmal gleich aus. Meistens behalten die Weibchen das Aussehen der Jungfische, während sich die männlichen Merkmale und Eigenschaften nach dem genannten Vierteljahr herauszubilden beginnen. Besonders für Züchter ist es wichtig, rechtzeitig „die Schafe von den Böcken" zu trennen, weil frühreife Männchen durch unerwünschte Verpaarungen das Ergebnis eines Zuchtversuchs infrage stellen können. Wir erinnern uns: Weibchen können das Sperma für mehrere Würfe speichern! Man sollte also so früh wie mög-

lich die Geschlechter vor der Geschlechtsreife trennen.

Nun haben die Männchen ja das typische Gonopodium – wenn es bereits gebildet ist, können schon Begattungen erfolgt sein. An der Entwicklung der Afterflosse muß also verfolgt werden, ob es zu Wuchstendenzen der sich verlängernden Flossenstrahlen kommt. Aber bereits ehe das geschieht, kann man bei Platies und Schwertträgern sehen, welches Tier ein Männchen werden wird: Ist die Afterflosse – noch im ausgebreiteten Zustand – nur so lang wie die benachbarten Bauchflossen oder kürzer, dann wird daraus bald ein Gonopodium. Noch sehr junge Weibchen haben hingegen eine wesentlich größere Afterflosse, die auch in der Länge weit über die Bauchflossen ragt.

Paar der Platy-Zuchtform Tuxedo, oben das größere, fülligere Weibchen, unten das kleinere Männchen mit dem geschlechtstypischen Gonopodium

Wesentlich eher zeichnet sich bei den jungen Weibchen bereits der „Trächtigkeitsfleck" ab, der eigentlich nur anzeigt, daß das betreffende Tier begattet werden kann.

Züchter haben nicht nur das Problem der rechtzeitigen Geschlechtertrennung, sie müssen auch bei Mischbruten oder Kreuzungsversuchen die einzelnen Farbschläge isolieren. Natürlich kann man alle Weibchen gemeinsam aufziehen, aber jedes übersehene Jungmännchen birgt das Risiko einer unerwünschten Verpaarung. Der nur gelegentlich einmal ein paar Jungfische aufziehende Liebhaber soll mit diesen Hinweisen nicht abgeschreckt werden. Es ist jedoch besser, darüber offen zu reden, als hinterher die Enttäuschung zu erleben, daß aus den liebevoll aufgezogenen Jungfischen leider nur einge-schränkt verwendbare Zuchttiere werden. Die Ehrlichkeit gebietet auch, bei dieser Gelegenheit darauf hinzuweisen, daß es bei mehreren Jungfisch-Aufzuchtbecken nicht bleibt, wenn man neue Stämme aufbauen möchte. Spezialisierte Züchter, und die haben ja alle einmal als Liebhaber angefangen, unterhalten schließlich zwischen 30 und 50 Aquarien...

Die Auslese muß aber, je älter die Fische werden, immer weiter gehen. Schließlich gibt es größere und kleinere, besser aussehende und kümmerliche, dem Zuchtziel entsprechende und auszusondernde Männchen und Weibchen. Allgemein werden die Weibchen weniger scharf kontrolliert als die Männchen. Das hängt auch damit zusammen, daß generell alle Weibchen weniger Qualitätsunterschiede zeigen, die Männchen

Paar der Schwertträger-Zuchtform Flamingo, oben Weibchen

jedoch in ihren Merkmalen stärker streuen. Das beginnt mit den frühreifen „Zwergen" und geht bis zu erst nach fast zwei Jahren ausreifenden Riesen-Männchen. Sie werden häufig als Weibchen angesehen, weil sie kein Schwert bekommen, und wächst es dann, gibt es Mitteilungen über eine „Geschlechtsumwandlung". Hier soll ja gar nicht bezweifelt werden, daß es so etwas tatsächlich gegeben hat und gibt, aber so lange nicht beweisbar Würfe von einem solchen Tier vorliegen, sich der Berichterstatter dagegen als unsicher erweist, nach der geschilderten Afterflossenmethode bereits undifferenzierte Jungfische unterscheiden zu können, sind es wohl stets Spätmännchen gewesen. Einige Zuchtformen von Schwertträgern neigen zu solchem Riesenwuchs, wie die gefleckten „Berliner", die schwarzen „Hamburger" und die als „Tuxedo" und „Wiesba-

dener" bezeichneten Zuchtformen mit breitem schwarzem Längsband. Aber selbst bei Wildformen und deren Nachkommen treten immer wieder Früh- und Spätmännchen auf, das hat nichts mit der „Degeneration" der Zuchtformen zu tun.

Wie entstanden die Zuchtformen ?

Diese grundsätzlich übereinstimmenden, in einzelnen Merkmalen aber unterschiedlichen Fische kamen in Aquarien zusammen und verpaarten sich. Sowohl Platies untereinander als auch Schwertträger, schließlich sogar Platies und Schwertträger. Da sahen die meisten Aquarianer nicht mehr durch. Überwiegend wurde dieser „Kreuzungsrummel" verteufelt – nur wenige versuchten, hinter die Ursachen zu kommen und führten systematische Versuche durch. Das taten auch später die

Vererbungswissenschaftler, doch kamen in dieser Zeit Theoretiker und Praktiker kaum einmal zum Erfahrungsaustausch zusammen. Sie hätten einander hervorragend ergänzen können...

Die gewitzten Praktiker zogen aus ihren Erfahrungen den Schluß, daß man gezielt bestimmte Kreuzungen mit attraktiven Farben weiter vermehren konnte. So entstanden rote Platies, rote Schwertträger ebenso wie goldgelbe und schwarze Farbschläge, gefleckte und Tiere mit Mustern auf dem Ansatz der Schwanzflosse. Alle diese verschiedenen Farb- und Zeichnungsmerkmale waren nicht in die Fische „hineingezüchtet", sie kamen hervor und wurden fixiert. Und man verlieh diesen Fischen Namen jener Städte, von denen aus solche Zuchtstämme bekannt wurden: Berliner, Hamburger, Wiesbadener usw.

Mitte der 20er Jahre kannten die Vererbungswissenschaftler schon einige der Erbgänge, erst in den 30er Jahren wurde in Deutschland ein erster Vererbungsschlüssel für die Aquaristik veröffentlicht. Bis in die 50er und 60er Jahre forschten vor allem amerikanische Vererbungswissenschaftler, und sie stellten im Labor neue Kombinationen her, die zum Teil später aquaristisch populär wurden, so z. B. die schwarzflossigen Wagtail-Platies. Sie wurden mit dem amerikanischen Namen der Bachstelze belegt, weil die schwarzen Flossenstrahlen jede Flossenbewegung deutlich machten.

In dieser Zeit entstanden in amerikanischen Zuchtfarmen durch Mutationen Hoch-(Fahnen-)Flosser, Lyratail-Schwert-

*Schwertträger-
Zuchtform
schwarz Lyra*

träger und Nadelschwanz-Platies. Mit dem vorhandenen Farb- und Zeichnungsmuster-Katalog können heute attraktive Zuchtformen regelrecht „hergestellt" werden, praktisch ist das ein Baukasten-System. Man muß nur wissen, welche Eigenschaften dominieren, welche andererseits überdeckt werden und wie die unterdrückten dennoch sichtbar gemacht werden können. Es gibt Praktiker unter den Züchtern, die – ohne Biologie oder speziell Genetik studiert zu haben – ausgezeichnete Tiere züchten können, andere entwerfen ihre Zuchtpläne systematisch und verwirklichen ihre Vorstellungen schrittweise. Auf Ausstellungen wird dann verglichen, in welchem Maße es gelungen ist, dem angestrebten Ideal nahezukommen.

Die auf einen bestimmten Zuchtstandard hin herangezogenen Fische sind einander zwar ähnlich, aber sie zeigen das angestrebte Farb- und Zeichnungsmuster unterschiedlich vollendet. Auch die Flossenformen können bei vielen Exemplaren durchaus dem idealen Umriß nahekommen, leider nicht bei allen. So entstehen also nicht „automatisch" schöne Tiere, man muß Auslese betreiben und einschätzen lernen, mit welchen Fischen bessere Ergebnisse erzielt werden könnten und viele Erfahrungen sammeln, ehe ein berechenbarer

Platy-Männchen einer schwarzen Zuchtform mit roter Rückenflosse

Zuchtstamm langjährig Erfolge verspricht.

Während die importierten Schwertträger 1909 geradezu euphorisch begrüßt wurden, weil ihr grüner Glanz selbst den bunteren Guppy-Männchen vorgezogen wurde, sehen wir heute vor allem rote und gelbe Zuchtformen mit verschiedenen schwarzen Mustern. Damals standen die Aquarien aber in Fensternähe, weil es noch keine elektrischen Aquarienbeleuchtungen gab. Durch die rechtwinklig zum Fenster aufgebauten Becken fiel das Tageslicht auf die Sichtscheibe, und das gab allen Arten mit glänzenden Schuppen einen besonderen Reiz. Der fällt heute weg, weil fast ausschließlich von oben beleuchtet

Papageien-kärpfling--Wildform

wird. Dadurch wurden viele früher populäre Arten zu „grauen Fischen" gemacht.

Wer sich also im Fachgeschäft Schwertträger und Platies ansieht, findet Zuchtformen der genannten Ausgangsarten Platy und Schwertträger. Doch muß man neben diesen Arten auch eine dritte, erst 1932 eingeführte Art nennen, den Papageienkärpfling. Schon die Wildfische sind recht bunt, zumindest die Männchen. Während bei Schwertträger- und Platy-Wildformen die Geschlechter prinzipiell gleichfarbig sind (Ausnahmen gibt es auch hier), waren von Papageienkärpflingen die Weibchen grau. Die Männchen konnten jedoch, und das hing vom Fundort ab, auf dem Körper blaue oder grüne Glanzspiegel besitzen, die Schwanzflossen zeigten klares Gelb bis tiefes Rot, die Rückenflosse ein kräftiges Gelb mit schwarzem Rand. Andere Männchen von anderen Lokalitäten konnten schwarze Flecke am Körper aufweisen, auch mehr oder weniger geschlossene schwarze Seitenflächen kamen vor. Wegen dieser Variabilität wurde bei der Beschreibung als Artname die Bezeichnung „*variatus*" gewählt. Schon bald nach dem ersten Bekanntwerden der Platies und Schwertträger kam es zu unbeabsichtigten Verpaarungen in einzelnen Aquarien. Zur Überraschung der betreffenden Liebhaber zeigten die Kreuzungsnachkommen sowohl Eigenschaften der Elterntiere als auch Merkmale, die bis dahin nicht aufgetreten waren. Offenbar waren sie vorher weder bei Platies noch bei Schwertträgern zu sehen gewesen, weil sie von anderen Farben oder Mustern überdeckt gewesen sind. Solche unterdrückten Farben (wie gelb, weiß usw.) nennt man rezessiv, überdeckende, wie grau, rot,

aber auch schwarze flächige Muster dagegen dominant.

Bis heute fasziniert viele Liebhaber-Züchter, daß man Farben, Muster und inzwischen auch Flossenformen innerhalb dieser drei genannten Arten austauschen und kombinieren kann. Dabei entsteht nur für die erste Generation das einst so übel beleumundete „Gemisch", denn mit der Rückkreuzung auf

Platy-Zuchtform Pfeffer-Salz-Blauspiegel

Schwertträger, Platies oder Papageienkärpflinge sind die Fische wieder vollwertige Schwertträger, Platies und Papageienkärpflinge, nun aber mit Anteilen neuer Farb-, Muster- und Flossenmerkmale, die bislang nur auf einen der Kreuzungseltern beschränkt waren.

Das gefällt nicht allen Aquarianern, aber auch nicht allen Aquarianern gefallen Buntbarsche oder Panzerwelse. Es ist also eine Sache des Geschmacks – man sollte keine Glaubensrichtung daraus machen und einander nicht mit der entsprechenden Unversöhnlichkeit bekämpfen. Vor allem ist es kein „Einmischen in die Natur", denn in die Fische wird nichts hineingezüchtet, man holt vielmehr heraus, was drin ist. Ganz offensichtlich sind die Tiere entwick-

lungsgeschichlich noch nicht alt, so daß die genetischen Grundbausteine noch viele Gemeinsamkeiten aufweisen, sonst wären sie nicht so leicht kreuzbar. Andererseits hat die Zeit gereicht, während der Isolierung in verschiedenen Flußsystemen Mittelamerikas arteigene Besonderheiten auszubilden.

Wildformen

Auch die wissenschaftliche Bearbeitung erschloß die Fische schrittweise. Schwertträger wurden bereits Mitte des vorigen Jahrhunderts als *Xiphophorus helleri* beschrieben. Dabei wurde nicht der männliche Schwanzflossenfortsatz als „Schwert" im wissenschaftlichen Namen erfaßt, sondern die Afterflossenbildung der Männchen als

Weibchen von Xiphophorus xiphidium

schwertförmig verstanden. Platy und Papageienkärpfling wurden zunächst als Angehörige einer anderen Gattung angesehen, die man *Platypoecilus* nannte – das heißt „breit" und „bunt". Durch Verkürzung entstand der Name „Platy", den die Aquarianer bis heute als Trivialbezeichnung gebrauchen. Deshalb ja auch die Überraschung, als sich diese Fische mit Schwertträgern verpaarten und erfolgreich kreuzten. Inzwischen sind auch die ehemaligen *Platypoecilus* wissenschaftlich in der Gattung *Xiphophorus* erfaßt worden, neben einer Reihe weiterer Arten, die man in den Flüssen Mittelamerikas gefunden hat. Diese werden aber, wohl wegen ihres bescheideneren Aussehens, nur von spezialisierten Liebhabern und Wissenschaftlern gehalten und spielen im Handel keine Rolle.

Auch bei diesen Wildformen gibt es in allen Populationen Abweichungen vom Grundtyp. Im Gegensatz zu den mit Zuchtformen befaßten Liebhaber-Züchtern, die gerade an den Veränderungen interessiert sind, müssen die Wildformen-Spezialisten darauf achten, daß sie nur Fische zur Nachzucht bringen, die dem ursprünglichen Aussehen so nahe wie möglich kommen. Auch das ist nur durch strenge Auslese möglich.

In unseren Jahren sind allerdings weitaus mehr als die früheren drei Basis-Arten an *Xiphophorus*-Wildformen bei den

Platy-Wildform, Xiphophorus maculatus

Aquarianern in Pflege. Durch reisende Aquarianer und Ichthyologen ist die Kenntnis von Schwertträger- und Platy-Wildformen aus vielen Gewässern Mittelamerikas stark angewachsen. Auch mußten die früher gebräuchlichen Namen zum Teil mit neuen Fischen verbunden werden. Ob allerdings alle gegenwärtig als Arten beschriebenen Tiere künftigen Revisionen standhalten werden, ist fraglich. In der Systematik wechseln sich generalisierende und detaillierende Phasen ab. Zur Zeit wird in jeder Lokalform gern eine selbständige Art gesehen, in manchen Jahren zuvor wurden sogar Gattungen zusammengefaßt – das ist eine Frage des Herangehens. Manche Bearbeiter sehen schärfer auf trennende Merkmale, andere heben die Gemeinsamkeiten hervor, dafür gibt es jeweils Begründungen. Das soll hier vor allem für die Aquarianer dargestellt werden, die das Bemühen der Wissenschaftler um Erweiterung des Kenntnisschatzes ein bißchen

„hemdsärmelig" kommentieren, vor allem aber nicht so gern umlernen wollen. Neue Funde zwingen oft zu neuem Durchdenken einer nur scheinbar gut bekannten Fischgruppe, und das hat Konsequenzen. Irrtümlich mit falschem Namen belegte, bis dahin wenig oder noch gar nicht bekannte Fische gab und gibt es in allen systematischen Gruppen der Fische, auch bei Platies und Schwertträgern.

Interessant sind zwar vor allem die großen Formenkreise, die sich mit den bisher erwähnten Basis-Arten der Schwertträger (*X. helleri*), Platies (*X. maculatus*) und Papageienkärpflinge (*X. variatus*) verbinden. Das Erscheinungsbild dieser für die Aquaristik so bedeutsamen Fische ist, je nach Herkunft, äußerst uneinheitlich in Körperform und -färbung. Allein aus dem Süden Mexikos kamen mit Sontacomapan-, Catemaco- und Yucatan-Schwertträgern äußerlich recht unterschiedliche Populationen von *X. helleri* zu uns, ebenso waren die jeweils mitgebrachten Platy-Wildformen keineswegs nur grau, und auch *X. variatus*-Wildfänge unterstrichen die Variabilität dieser Tiere je nach Fundort.

Aber sowohl diese als andere Wildformen und deren Nachzuchten sind im Handel kaum einmal zu sehen und bleiben auf die Aquarien spezialisierter Wildformen-Liebhaber in der Deutschen Gesellschaft für Lebendgebärende Zahnkarpfen

(DGLZ) beschränkt. Das hat Gründe: Im Vergleich zu den farbintensiveren Zuchtformen gehen die meisten Wildformen in den verbreiteten Gesellschaftsaquarien optisch unter. Die Spezialisten halten solche Arten in nur ihnen oder einer weiteren unbedenklich beizufügenden Art (Kreuzungen!) vorbehaltenen Aquarien. Und sie sind eben auf diese Arten fixiert, nicht auf das Handelssortiment.

Spiegelkärpfling, Platy
Xiphophorus maculatus (GÜNTHER, 1866)

Die ab 1907 aus verschiedenen Fluß-Einzugsbereichen der atlantischen Abdachung von Süd-Mexiko bis Guatemala mitgebrachten Fische waren anfangs bräunlich-grau mit verschieden stark entwickelten Punkt- bis Fleckenmustern. Bei auffallendem Licht glänzten die Schuppen, besonders im Rückenbereich, blaugrün bis silbern (Name). In manchen Populationen kamen rötliche Rückenflossen, meist nur bei den Männchen vor.

Die leicht zu pflegenden Fische benötigten kein weiches Wasser und ließen sich auch gut vermehren. Schon die ersten Nachzuchten waren nicht einheitlich. Besonders traten unter den Männchen recht unterschiedlich intensiv gefärbte Tiere auf, von denen man die mit roten Rückenflossen oder intensiver Fleckenzeichnung bevorzugte. Weitere Importe, oft

unbekannter Herkunft, die mit den schon vorhandenen Nachzuchten verpaart wurden (eigentlich mit dem Ziel der „Blutauffrischung") ergaben ein breites Spektrum an Mustern, aber auch goldgelbe Farbmangeltiere, die als Reinzucht die erste Grundlage für rote Platies ergaben. Da auch die roten Rückenflossen anderer Stämme als attraktiv empfunden wurden, entstanden durch Kreuzung rotbrauner Tiere mit „Goldplaties" die ersten „Blut-platies", wie sie damals genannt wurden. Deren intensive Weiterzucht über Goldplaties ergab dann, wenn auch viele Jahre später, den heute noch verbreiteten „Korallenplaty" mit intensiv roter Körper- und Flossenfärbung.

Andere Züchter spezialisierten sich auf die Fleckenzeichnung und versuchten, entweder eine lockere, möglichst gleichmäßige Verteilung vieler kleiner Punkte zu erzielen, den „Pfeffer-und-Salz-Platy". Das flächige

Besonders
schönes
Männchen des
Schwertträger-
Wildtyps vom Rio
Sontecomapan

Schwarz wurde zu nahezu völlig schwarzen oder auf ein geschlossenes breites Band hin selektierten halbschwarzen oder „Tuxedo-Platies" bearbeitet. Schließlich wurden Tiere mit einem Schwanzwurzelmuster aus einem großen ovalen und zwei kleinen runden Flecken als „Mondplaty" bezeichnet.

War man zunächst nur darauf aus, die lebendgebärenden Platies zu vermehren, so nutzten bald viele Züchter deren Variabilität, und die wildfarbenen Ursprungstiere gerieten in Vergessenheit.

Schwertträger
Xiphophorus helleri
(HECKEL, 1848)

Zwei Jahre später, im Jahr 1909, kamen einzelne Schwertträger, erst in den Jahren danach auch größere Stückzahlen nach Deutschland. Die grünglänzenden Fische galten damals als Höhepunkt der bisherigen Aquaristik.

Die sich ebenfalls leicht vermehrenden Tiere trafen in vielen Aquarien mit einer Palette von bereits vorhandenen Platy-Zuchtformen zusammen, und es kam zu den bereits erwähnten, nicht erwarteten Kreuzungen. Während die Mehrzahl der Liebhaber diese Mischungen beklagte, versuchten nur wenige Züchter Rückkreuzungen der Bastarde mit reinen Ausgangstieren. Es zeigte sich, daß die gesamte Vielfalt unterschiedlicher Farbmuster von Platies auf Schwertträger übertragbar war. Auch diese neuen bunten Schwertträger wurden als attraktiver als die noch vor wenigen Jahren freudig begrüßten wildfarbenen empfunden, so daß auch diese in Vergessenheit gerieten.

Erst in den 20er und 30er Jahren nahmen sich deutsche und amerikanische Wissenschaftler dieses Phänomens an. Sie bestätigten durch systematische Kreuzungsversuche die von Aquarianern empirisch fast zwei Jahrzehnte früher ermittelten Ergebnisse und schufen durch Einbeziehung noch unbekannter Wildfänge auch neue Kombinationen. Davon sind letztlich nur die Wagtail-Zuchtformen in die Aquaristik eingegangen – übrigens wieder bei Platies entwickelt und danach auf Schwertträger durch Einkreuzung übertragen.

Papageienkärpfling
Xiphophorus variatus
(MEEK, 1904)

1931 wurden aus Süd-Mexiko langgestreckte Kärpflinge mitgebracht und zunächst als „*Mollienesia formosa*" vorgestellt. Erst ein Jahr später ordnete man sie, da die Männchen ohne Schwertentwicklung blieben, der damals noch existierenden Gattung *Platypoecilus* zu, wie es bereits bei der Erstbeschreibung 1904 geschehen war. Damals war aber schon aufgefallen, daß die Art in zahlreichen Lokalformen mit jeweils andersfarbigen Männchen auftrat und drückte das im Artnamen aus.

Während die amerikanischen Liebhaber und Wissenschaftler recht schnell Papageienkärpflinge in ihre Zuchten

einbezogen, blieb man in Deutschland diesem Fisch gegenüber lange Zeit recht zurückhaltend. Dabei kann eine Rolle gespielt haben, daß die Jungfische für viele Monate grau bleiben und die Männchen erst nach mindestens einem halben Jahr mit der Einfärbung beginnen, die besten oft erst nach einem Jahr. Die Weibchen bleiben grau, erst in den 50er und 60er Jahren gab es die ersten farbigen Weibchen in unseren Zuchten.

Aber unkontrolliert kam es bereits in den 30er Jahren zu Kreuzungen mit Platy-Stäm-

Besonders farbige Wildtiere des Papageienkärpflings, Xiphophorus variatus, oben Männchen

Xiphophorus cortezi, Männchen

men. Ein persönliches Erlebnis: Nach Auskunft von dort tätigen Mitarbeitern existierte eine solche gemischte rotgraue Population mindestens ein Jahrzehnt hindurch unerkannt im Botanischen Garten Halle/Saale, wo ich diese Fische 1948 erstmalig sah. Bei der kontrollierten Vermehrung fielen in meinen Aquarien auch rein graue Jungfische aus, die viel größer wurden als ihre Eltern und Geschwister. Die Männchen bekamen nach mehreren Monaten rote Schwanz- und gelbe Rückenflossen, die

Weibchen blieben grau: Es waren ausgemendelte Papageienkärpflinge – eine in der Nachkriegszeit unerwartete Bereicherung des Fischbestandes und meine ersten praktischen Schritte in der Zucht von „Xiphos". So nannte man, seit den 60er Jahren die Gesamtheit der Zuchtformen von Platies, Schwertträgern und Papageienkärpflingen, denn inzwischen waren alle Platies und Schwertträger wissenschaftlich in die Gattung *Xiphophorus* überführt worden.

Nachfolgend sollen exemplarisch einige weitere aquaristisch bekannte *Xiphophorus*-Arten (Wildformen) vorgestellt werden, von denen es jedoch nicht so vielfältige Zuchtformen wie bei den drei Basisarten der meisten Xiphos in unseren Aquarien gibt.

Xiphophorus cortezi
ROSEN, 1960
Verbreitung: Einzugsgebiet des Rio Axtla

Xiphophorus montezumae, Männnchen

Bemerkungen: Diese Fische wurden lange Zeit als *X. montezumae* verstanden und als Unterart *cortezi* bezeichnet. Trotz neuerer Bearbeitungen wird nicht so recht deutlich, wodurch sich die Art eindeutig von *X. malinche* RAUCHENBERGER, KALLMAN & MORIZOT, 1990 abgrenzen läßt, zumal unter diesen beiden Namen möglicherweise auch Fehlabbildungen in der Literatur vorkommen.

Xiphophorus montezumae
JORDAN & SNYDER, 1899
Verbreitung: Einzugsgebiet des Rio Tamesi
Bemerkungen: Abgesehen von heute nicht mehr relevanten Erwähnungen einer „Montezuma"-Zuchtform aus den 20er Jahren waren die in Europa vorhandenen Tiere bis zur Abtrennung von *X. cortezi* oft fehlinterpretiert. Die Art ist auffällig durch extrem lange Schwertfortsätze der Männchen und eine abgerundete Rückenflosse. Die lange Zeit in Europa als *X. montezumae* angesehenen Fi-

sche wurden neuerdings als *X. nezahualcoyotl* RAUCHENBERGER, KALLMAN & MORIZOT, 1990 beschrieben.

Xiphophorus multilineatus
RAUCHENBERGER, KALLMAN & MORIZOT, 1990
Verbreitung: Rio Coy
Bemerkungen: Durch neuere Bearbeitungen wurde das lange Zeit undurchsichtige Bild der nahe verwandten Arten *X. multilineatus, X. nigrensis* und *X. pygmaeus* als selbständige Arten aufgelöst. Dennoch gibt es Po-

pulationen, die nicht auf den ersten Blick erkennen lassen, welcher Art sie zuzuordnen sind. Die sehr attraktiven Fische haben wegen höherer Pflegeansprüche bisher keine weite Verbreitung gefunden.

Xiphophorus nigrensis
ROSEN, 1960
Verbreitung: Rio Panuco, Rio Coy (?)

*oben:
Weibchen von
Xiphophorus
nigrensis*

*Xiphophorus
pygmaeus,
oben Weibchen,
unten Männchen*

Bemerkungen: Wie die vorstehende Art ist *X. nigrensis* Bestandteil eines näher verwandten Formenkreises. Vor allem mit der nachgenannten Art *X. pygmaeus* scheint es bereits unter natürlichen Bedingungen zu Bastardierungen zu kommen.

Xiphophorus pygmaeus
HUBBS & GORDON, 1943
Verbreitung: Rio Axtla
Bemerkungen: Als kleinste Art der Gattung finden Zwerg-Schwertträger mehr Beachtung als andere vergleichbare Wildformen. Die Populationen sind nicht einheitlich, so gibt es Aquarienstämme mit blau spiegelnden Männchen, andere, bei denen sämtliche Männchen goldgelb werden und weitere, bei denen nur die dominierenden Männchen gelb einfärben, die anderen aber grau bleiben. Die sehr schwimmgewandte Art braucht zum Wohlbefinden vor allem Strömung und kümmert in Aquarien ohne Wasserbewegung.

Xiphophorus signum
ROSEN & KALLMAN, 1969
Verbreitung: Guatemala, Rio de la Pasion, Rio Semococh
Bemerkungen: Schon durch die

Männchen von Xiphophorus pygmaeus

39

Xiphophorus xiphidium
(GORDON, 1932)

Verbreitung: Rio Purificacion, Rio Nautla, Rio Axtla, Rio Panuco

Bemerkungen: Die weiter als bislang vermutet verbreitete Art besitzt je nach Population sehr attraktive schwarze Muster, die vor allem in die nahe verwandte Art X. variatus eingekreuzt wurden. Sie scheint auch unter natürlichen Bedingungen mit

oben: Männchen, unten: Weibchen von Xiphophorus signum, rechts: Xiphophorus xiphidium, Männchen

geographische Isolierung von den schwerttragenden Arten Mexikos, aber auch durch die abweichend gestaltete Rückenflosse nimmt dieser Schwertträger eine Sonderstellung ein. Bisher sind keinerlei Variationen in Körperbau oder Färbung bekannt geworden.

jener zu bastardieren. Neben dem allgemein bekannten Typ mit zwei Punkten in der Schwanzwurzel wurde 1980 eine Population gefunden, die mit waren es wissenschaftlich interessierte Aquarianer der DDR, denn die wirtschaftliche Isolierung hatte einen starken Aufschwung der Aquarienfisch-

Paar von
Xiphophorus
xiphidium,
oben Männchen

der umstrittenen Angabe Rio Santa Engracia verbunden wird. Diese Fische zeichnen sich durch einen großen schwarzen Fleck in der Schwanzwurzel aus.

Die häufigsten Zuchtformen

Obgleich 1938 durch H. BREIDER sowohl in einer Fortsetzungsserie der Wochenschrift für Aquarien- und Terrarienkunde als auch in Broschürenform die bis dahin bekannten Zusammenhänge in fasslichem Stil dargestellt wurden, vergingen über 20 Jahre, ehe sich wieder speziell interessierte Aquarianer mit dem Vererbungsmechanismus der Gattung *Xiphophorus* zu befassen begannen. Nicht zufällig

Zucht aus eigenem Aufkommen zur Folge, weil Devisen für Importe fehlten. So gab es Zuchtbetriebe, aber auch viele einzelne Liebhaber, die auf Zuchtformen von Lebendgebärenden Zahnkarpfen spezialisiert waren und Einzel- und Großhandel belieferten. Diese Situation bot ein günstiges Umfeld zur theoretischen Durchdringung des verwirrenden Formenschatzes, der auf Ausstellungen und im Handel in allen Qualitätsstufen ständig vorhanden war.

Es ist das Verdienst von Hans-Albert PEDERZANI, der auf die Idee kam, die von BREIDER mitgeteilten Ergebnisse zu einem Standard zu entwickeln, der ab Mitte der 60er Jahre bis heute in Europa Anwendung

41

Platy-Zuchtform Calico

Platy-Zuchtform Dreifarb-Schecke

lückenhaft bleibt und der Standard eine Vielfalt bietet, die von der Aquaristik zur Zeit nicht erfüllt werden kann.

Platy-Zuchtformen (Basis-Art *Xiphophorus maculatus*)

Korall-Platy
Diese im Handel wirksamste aller Platy-Zuchtformen ist leider nicht immer in der heute möglichen Qualität zu haben. Man achte nicht nur auf ein intensives Rot, auch die Körperform läßt oft zu wünschen übrig. Lang gestreckte Fische mit geraden Körperformen entstammen schlechten Aufzuchtbedingungen. Platies sollten gedrungen

findet. Vergleicht man die damaligen Veröffentlichungen über Xipho-Ausstellungen mit der gegenwärtigen Anwendungspraxis, so wird deutlich, daß ohne inländische Zuchtbasis die Palette von Zuchtformen

Platy, Zuchtform
Rot Tuxedo

und rundlich aussehen, wie es der Bezeichnung aus dem Griechischen entspricht. Gut durchgezüchtete Stämme fallen durch blaue Kanten der Schwanz-, Bauch- und Afterflossen auf.

Die Fortpflanzung ist unproblematisch. Bei langjährig inge-züchteten Stämmen ist das gelegentliche Einkreuzen gelber Weibchen aus fremden Stämmen von Vorteil.

Wagtail-Platy
Wegen ihrer Schwarzfärbung der Flossenstrahlen, die bis zum

43

Einschwärzen der gesamten Flossenfläche gesteigert werden kann, wurden Wagtail-Zuchtformen schnell beliebt. Ursprünglich auf gelber Körpergrundfarbe gezüchtet, gibt es heute auch intensiv rote Stämme mit schwarzen Flossen. Leider können ältere Tiere zunehmend eine rußig-schwarze Rückenpartie bekommen, wann und in welchem Maße hängt vom

Zuchtstamm ab. Das vorübergehende Einkreuzen roter oder gelber Fische ohne Wagtail-Zeichnung hat nur ebenso vorübergehenden Erfolg und muß deshalb in nicht zu kurzen Abständen wiederholt werden.

Tuxedo-Platy
Die schwarze Zeichnung auf den Körperseiten kann sehr unterschiedlich ausgeprägt sein. Von nahezu total schwarzen Fischen, deren Flossen klar bleiben oder die Grundfarbe zeigen, reicht die Abstufung bis zu eng begrenzten seitlichen Bändern. In dieser Begrenzung liegt das Problem, denn meist finden sich in der Umgebung weitere schwarze Flecke, die den Gesamteindruck mindern. Wer sich mit der Zucht solcher Stämme befassen möchte, muß mit ausgiebiger Selektionsarbeit rechnen, weil nur wenige Tiere dem Idealbild nahekommen.

Schecken-Platy
Während ehemals schwarz gescheckte Platies auf grauer Grundfärbung mit blauem Spiegel („Pfeffer und Salz") beliebt waren, sieht man heute nur noch gescheckte Tiere auf gelber oder roter Körpergrundfarbe. Damit verbunden ist die Gefahr großflächiger schwarzer Pigmentzonen und deren Entartung (Melanom). Die Weiterzucht darf nicht mit gefleckten Partnern erfolgen, da sich die Schwarzfärbung so nur steigert – man muß nach gelben oder roten Partnern

suchen, denn nicht jeder fleckenlose Stamm ist unbedenklich. Der sicherste Weg wäre, Partner mit grauer Grundfarbe einzukreuzen, doch das will niemand, weil damit die Rot-Qualität zurückgeht. So bleiben Schecken-Stämme stets ein Balance-Akt zwischen lockerer Verteilung und Farbkrebs.

Mond-Platy, „Mickey Mouse"
Zeitweilig völlig vergessen, kommen wieder zunehmend Mond-Platies, wenn auch unter dem

oben:
Platy-Zuchtform
Koralle.
unten:
Ballon-Platy,
eine wegen der
Degeneration
des Fischkörpers
und
eingeschränkter
Schwimmfähig-
keit nicht
erstrebenswerte
Zuchtform

amerikanischen Handelsnamen in das Angebot. Es ist nach meiner Kenntnis die einzige Zuchtform, die ohne Qualitätsmangel viele Generationen hindurch in sich selbst ohne Zwischenkreu- zungen vermehrt werden kann. Aufmerksamer Auslese bedürfen sie dennoch. Das Rot in der Rückenflosse der Männchen tendiert zum Verlaufen über den Rücken bis in die Schwanz-

46

flosse. Um das zu begrenzen, darf man zur Zucht nur Männchen mit schwacher Rotausbildung heranziehen.

„Blutendes Herz"
In den letzten Jahren kommen aus asiatischen Farmzuchten häufig Platies von hellgelber bis weißer Grundfarbe mit einem ein schwaches Punktmuster auf dem Rücken und in der Schwanzwurzel einen kleinen scharf begrenzten Fleck. Dieser Stamm scheint erloschen zu sein, die heute angebotenen Fische werden aber als ausgesprochen attraktiv empfunden und müßten eigentlich „Bleading body" heißen.

Platy-Zuchtform Tuxedo Rot Schwarz

intensiv roten zonierten Muster auf den Körperseiten. Sie werden unter dem Namen „Blutendes Herz" (Bleeding heart) angeboten. Eigentlich verstand man unter diesem Namen ehemals einen ganz anderen Stamm, dessen Rot sich lediglich auf einen Abschnitt der Brust bezog und nur bei Männchen auftrat. Die Weibchen waren fahl gelb bis weißlich, hatten Alle Farbformen sind als Fahnen-, Lyra- und Nadelflosser züchtbar, wenn auch im Handel seltener zu sehen. Bei der Weiterzucht solcher Stämme ist das Führen eines normalflossigen Partnerstammes unerläßlich. Führt man Fahnenflosser-Zuchten durch Geschwisterpaarung über mehrere Generationen zu eng, so verzwergt der Stamm. Das Einkreuzen von

47

oben:
Papageien-
kärpfling-
Zuchtform
Hawaii,
Schwertträger-
Zuchtformen
Mitte:
Albino-Lyra
unten:
Marigold

nicht verwandten Normalflossern des gleichen Farbschlages beugt solchen Inzuchtschäden vor.

Da sich Lyratail-Männchen für die Zucht nicht eignen, sind normalflossige Männchen des gleichen Farbschlages erforderlich. Die Untauglichkeit der Männchen mit verlängertem Gonopodium ist übrigens verhaltensbiologisch bedingt: Sie paaren sich wie normalflossige Männchen, beherrschen jedoch die Afterflosse nicht und können keinen Kontakt herstellen. Von der Kreuzung mit Fahnenflosser-Männchen muß dringend abgeraten werden. Nur Jungfische behalten noch einen „tragbaren" Flossensatz, je älter die Tiere aber werden, desto länger wird der Behang und läßt sich dann von den Fischen nicht mehr beherrschen.

Nadelflosser sollten vorteilhaft nur über Wagtail-Stämme vermehrt werden. Alle anderen Zuchtformen zeigen nach außen verblassende Flossenfarben, die den spitzen Fortsatz nur schwer erkennen lassen.

Schwertträger-Zuchtformen

Bereits eingangs erwähnte ich, daß alle Farbtypen und Zeichnungsmuster, die bei Platies vorkommen, auch auf Schwertträger züchterisch übertragbar sind. Diese Grundschritte sind vor Jahrzehnten bereits durchgeführt worden, so daß die heutigen Schwertträger-Zuchtformen nicht mehr auf unmittel-

Schwertträger-Paar
grüne Wildform,
oben Weibchen

bare Platy-Einkreuzungen zurückzuführen sind. Dennoch ist das im Handel erhältliche Sortiment an Schwertträger-Zuchtformen genetisch absolut nicht einheitlich. Farmzuchten aus Übersee, Nachkommen europäischer Stämme und so manches Liebhaber-Angebot machen äußerlich ähnliche Exemplare hinsichtlich ihrer Entstehung zu einer genetischen „Wundertüte". Wer also glaubt, aus zusammengekauften guten Fischen verschiedener Herkunft automatisch einen sofort gut laufenden Zuchtstamm aufbauen zu können, wird staunen, was in der Nachkommenschaft bei erneuter genetischer Durchmischung sichtbar wird. Das ist auch keine Katastrophe, wenn man aus diesem Angebot die Fische seiner Wahl selektiert und nunmehr gezielt zur Fortpflanzung bringt.

Bronze-Schwertträger

Dieser auf grüner Wildfärbung mit verlaufendem Flossenrot ge-

Weibchen der Schwertträger-Zuchtform Rot Simpson

züchtete Schwertträger wird gelegentlich auch mit dem Beinamen „Neon"-Schwertträger angeboten. Die Qualität ist sehr abhängig von der Einkreuzung wildfarbener Partner, da es bei langjähriger Inzucht zu verstärkt auftretenden Früh-Männchen von kleiner Statur kommt. Das gleiche Rot-Muster auf gelber Körpergrundfarbe führt zu den attraktiveren „Flamingo"-Schwertträgern, für die hinsichtlich der Zwerg-Männchen das Gleiche gilt.

Rote Schwertträger

Überwiegend werden Schwertträger-Zuchtformen auf roter Körpergrundfarbe gezüchtet, weil das erfahrungsgemäß bei den meisten Menschen bevorzugt ankommt. Dabei wird in den letzten Jahrzehnten bewußt Wert auf intensive Rotfärbung gelegt. So verständlich das erscheint, so ungeeignet sind eben diese intensiv roten Stämme für die Weiterführung so mancher Zuchtlinie mit schwarzen Mustern. Wirkt sich die partnergleiche Zucht aller mit schwarz zusammenhängenden Zuchtformen in Form von krebsigen Entartungen aus, so kann intensives Rot diesen Prozeß noch fördern. Dagegen haben die blasseren roten Stämme vergangener Jahre Gelegenheit geboten, schwarze Punkt- und Flächenmuster ohne krankhafte Ballungen zu erzielen. Das betrifft insbesondere die „Berliner" und die „Hamburger" Schwertträger.

Hinzugekommen sind auch rote Albino-Schwertträger, die allerdings ebenfalls zur Einkreuzung in Schwarzmuster-Zuchtformen nicht geeignet sind. So waren die Wildformen, die in den 80er Jahren in größerer Zahl von reisenden Aquarianern nach Europa mitgebracht wurden, eine erfreuliche Ausgangsbasis für neue Starts mit gescheckten und schwarzen Schwertträgern. Doch hielt dieser Effekt nur kurze Zeit an. Man sah zwar vorübergehend auf Ausstellungen wieder bessere „Berliner" als vorher, da aber die Mehrzahl des Handelsangebots aus asiatischen Farmzuchten stammt, wird das Marktbild dieser Fische weiterhin durch grobfleckige Tiere auf intensiv roter Grundfarbe bestimmt. Und wo bereits bei Jungfischen die Schwanzflosse flächig schwarz ist, kommen die Melanome spä-

testens mit der Geschlechtsreife. Auch das hat viele Aquarianer bewogen, Zuchtformen grundsätzlich abzulehnen.

So trivial der reichlich vorhandene rote Schwertträger auch erscheinen mag, richtig gute Exemplare sieht man nur selten. Oft ist die Farbverteilung fleckig, das Rot reicht nur bis in Kopfnähe, und der Bauch bleibt weiß. Auf Ausstellungen jedenfalls werden rote Schwertträger sehr kritisch begutachtet.

Gelbe Schwertträger
Rein gelbe Schwertträger sieht man nur selten. Sie werden auch mehr vom Züchter als vom kaufenden Aquarianer geschätzt, weil viele Zuchtformen durch Einkreuzung gelber Partner eine Blutauffrischung erfahren können, die das Zuchtziel des Stammes nicht stört. Dabei sind gut durchgezüchtete gelbe Schwert-

Männchen der Schwertträger-Zuchtform Koralle

träger attraktiv, wenn die rote Mittellinie vollständig ausgebildet ist und die Schuppen einen leichten Grünglanz aufweisen. Aber die Erfahrung lehrt, daß schon die Kombinationen mit schwarzen Flossen („Wagtail") oder halbschwarz („Wiesbadener") oder beide Komponenten („Tuxedo") vom Käufer bevorzugt werden.

Berliner Schwertträger
Eine der attraktivsten Zuchtformen sind rote Schwertträger mit möglichst gleichmäßig verteilten schwarzen Flecken. Die damit verbundene Problematik wurde bereits erwähnt. Oft fließen die schwarzen Pigmente zusammen und ergeben dann

flächige Geschwüre, die intensiv schwarzen Flossenteile können absterben und abfallen. Solche Fische sind das Ergebnis von groben Zuchtfehlern. Aber – machen Sie einmal einem Käufer klar, daß man von „Berlinern" keine Paare zusammenbringen darf! Schon im Handel müßten Männchen und Weibchen eigentlich getrennt werden...

So kauft man oft bereits falsch verpaarte Weibchen und erlebt mit den Jungfischen die Enttäuschung, daß sie gleich nach der Geburt schon im hinteren Körperabschnitt total schwarz sind. Solche Tiere sind sicher bald vom Krebs gezeichnet, und nur grau oder blaß rot Geborene mit wenigen Punkten am Körper und Strichen auf den Flossen können aussichtsreich aufgezogen werden. Die schwarze Fleckung verstärkt sich noch während des Heranwachsens, so daß auch unter den selektierten Jungfischen nicht alle die erstrebte feine Fleckung zeigen, wenn sie erwachsen sind.

Durch die Intensivierung der Rotfärbung bei allen Schwertträger-Zuchtformen wurden

blaß rote Stämme aus den Züchtereien verbannt. Damit fehlte die Basis, um fein gefleckte „Berliner" zu züchten. Wer sich dennoch mit dieser Problematik befassen möchte, kann nur über grüne Schwertträger versuchen, das Rot zu schwächen und die Fleckung zu „verdünnen". Eigene Versuche mit nur schwach roten Bronze-Schwertträger-Männchen zeigten jedoch, daß bereits diese Rotfärbung zu geschlossen schwarzen Flächen der Jungfische führte, obgleich die verwendeten Weibchen der Berliner Zuchtform nur locker gefleckt waren. Es machte sich erforderlich, mit den noch tragbaren Männchen aus dieser Verpaarung über rein grüne Weibchen zu kreuzen, um wenigstens einige Jungfische zu erzielen, mit denen weiter gearbeitet werden konnte. Interessant ist, daß in diesen Versuchsreihen nicht ein blaß roter Jungfisch ohne schwarzes Fleckenmuster ausfiel – stets war rot mit schwarzer Fleckung verbunden.

Hamburger Schwertträger
Auch die schwarzen Schwertträger-Zuchtformen sind bis heute sehr beliebte Aquarienfische geblieben. In der ursprünglichen Form wurden sie über grüne Schwertträger gezüchtet – das ergab den beliebten blaugrünen Schimmer auf den Körperseiten. Die Flossen waren klar, das Schwarz durfte nicht auf die

Weibchen der Schwertträger-Zuchtform Hamburger

Weibchen der Schwertträger-Zuchtform Tuxedo

Flossen übergehen. Als es keine grünen Schwertträger mehr gab, wurden schwarze Schwertträger über rote gezüchtet. Damit verschwand der grüne Spiegel vielfach, das Schwarz wurde samtig, die Flossen blaß rot. Auch diese Fische waren beliebt.

In der Zuchtmethodik gibt es zwei Auffassungen: Während ich davor warne, längere Zeit hindurch schwarze Partner zu verwenden, gibt es offensichtlich Stämme, die man „ungestraft" längerfristig schwarz auf schwarz weiter vermehren kann. Aber noch ein anderer Gesichtspunkt veranlaßte mich und andere Züchter dazu, mit guten schwarzen Männchen über grüne (oder rote) Weibchen zu paaren. Während man bei grünen (und roten) Schwertträgern im Bereich des Reifeflecks die Trächtigkeit verfolgen kann, gelingt das bei schwarzen Weibchen kaum. Sie erreichen auch nicht die Körperfülle, die für die anderen Weibchen gilt. Es war daher effektiver, mit den wurfstärkeren grünen und roten

Weibchen zu züchten als mit schwarzen. Hinzu kam, daß die schwarzen Jungfische von schwarzen Weibchen deutlich langsamer wuchsen als die aus den Mischpaarungen, so daß ich schon Gründe nennen kann, warum ich diese Methode empfehle.

„Hamburger" neigen zu Riesenwuchs, und solche Fische werden erst im zweiten Lebensjahr geschlechtsreif. Gerade riesenwüchsige Männchen sind jedoch schlechte Zuchttiere, so attraktiv sie auch aussehen und so hoch sie auch – bei entsprechender Farbqualität – auf Ausstellungen bewertet werden.

Tuxedo-Schwertträger
Ursprünglich nannte man Schwertträger mit halbschwarzer Längsbinde „Wiesbadener". Sie wurden auf grüner und roter Körpergrundfarbe gezüchtet und waren besonders in den 20er Jahren populär. Nach 1948, als es über Wagtail-Platies gelang, auch Schwertträger mit diesem Muster zu züchten, kombinierte man die Wagtail-Zeichnung mit der schwarzen Längsbinde. Diese Fische kamen als Tuxedo-Schwertträger aus den USA und wurden bei uns rasch verbreitet. Da auf Ausstellungen halbschwarze Schwertträger nicht mehr in solchen Mengen auftreten, wertet man klarflossige und Wagtail mit schwarzer Längsbinde gewöhnlich gemeinsam. Solche Fische auf grauer Körpergrundfärbung

müssen schon sehr sauber durchgezüchtet sein, um gegenüber roten oder gelben Exemplaren stand halten zu können. Daher sieht man fast nur noch die letzteren beiden Farbtypen.

Das Problem ist die saubere Begrenzung des keilförmig bis zum Kiemendeckel verlaufenden schwarzen Längsbandes. Dabei kann die untere Begrenzung vernachlässigt werden und der Bauch weiß bleiben, vor allem soll die Rückenpartie ohne Punkte erscheinen und scharf gegen die schwarze Fläche abgesetzt sein. Nach meiner Kenntnis gibt es keine Stämme, die das garantiert vererben, so daß der Züchter ständig zum Auslesen gezwungen ist. Auch bei dieser Zuchtform gibt es Riesenwuchs, für den das Gleiche gilt, wie unter „Hamburger" ausgeführt.

Wagtail-Schwertträger

Nach dem Auftreten der ersten Wagtail-Platies dauerte es nicht lange, bis dieses neue Merkmal auch auf Schwertträger übertragen wurde. Neben der Tendenz, daß mit zunehmendem Alter im Rückenbereich rußige Schuppen das Erscheinungsbild stören, muß bei allen Stämmen ständig an der Qualität der Flossenfärbung gearbeitet werden. Meist ist die Schwanzflosse am besten durchgezeichnet, während die übrigen Flossen blaß schwarz bleiben. Es ist aber gelungen, nicht nur die Flossenstrahlen, sondern auch die Flossenhäute, besonders im körpernahen Bereich so tief schwarz zu verdichten, daß faktisch Schwarzflossigkeit erreicht wurde. Dabei kam es jedoch nicht zu Melanomen, wie das bei Verdichtung der schwarzen Flächen am Körper („Berliner", „Hamburger")

Männchen der Schwertträger-Zuchtform Rot Wagtail

ständig befürchtet werden muß.

Während Fahnen- und Lyra-Flossen zu attraktiven Zuchtformen auch bei Schwertträgern geführt haben, hat man von Nadel-Flossern Abstand genommen. Schwertträger sind durch die Schwanzflossen-Fortsätze ohnehin ausgezeichnet – fadenförmige Auswüchse aus der Mitte der Schwanzflosse sind zwar zu erzielen, bleiben aber ohne ästhetischen Effekt.

Wieder muß vor der Verpaarung von Fahnenflosser-Männchen mit Lyraflossen-Weibchen gewarnt werden. Die daraus entstehenden „Fetzenfische" sind nur geeignet, alle Vorurteile gegen Zuchtformen zu bestärken. Dagegen sind gute Fahnenflosser und gute Lyraflosser durch ihre uneingeschränkte Schwimmfähigkeit ansehnliche Blickfänge.

Zuchtformen von Papageienkärpflingen

Bei der Vermehrung von Wildstämmen kommen mitunter so prächtige Männchen zustande, daß man sie für Zuchtformen halten könnte. Solche Exemplare wurden aber auch in natürlichen Gewässern gefunden. So waren die ersten Vertreter von ausgestellten Papageienkärpflingen eigentlich qualifizierte Auslese-Exemplare aus Wildstämmen. Die Männchen zeichneten sich durch intensiv blaue Körperspiegel, ein feines Punktmuster auf dem Rücken, leuchtend gelbe Rückenflossen und rote Schwanzflossen aus. Die zu-

gehörigen Weibchen blieben grau, erst später gab es Weibchen mit roten Schwanzflossen und gelben Rückenflossen.

Aus anderen Gebieten wurden Papageienkärpflinge mit rotbrauner Grundfärbung mitgebracht. Deren Männchen zeigten mit der Geschlechtsreife ein intensives Gelb auf dem Vorderkörper, das nach hinten fließend in ein sich verstärkendes Rot überging. Auch diese Wildformen wurden zu stabilen Zuchtstämmen qualifiziert. Aus solchen Stämmen fielen in Amerika Fische aus, denen die graue Körpergrundfärbung fehlte. In Anlehnung an entsprechende Blütenfarben bei einer Sumpfdotterblumen-Zucht erhielten sie den Namen „Marigold", wie

Schwarzverdichtungen und rußige Anflüge mehr als „unsortierte Bastarde" und kaum als ausgereifte Zuchtergebnisse angesehen werden konnten.

Von den handelsüblichen Zuchtformen gibt es außerordentlich attraktive Fahnenflosser, weniger üblich sind Lyraflosser. Von Nadelflossern nahm man Abstand, weil mit diesem Merkmal zugleich eine sonst bei *X. variatus* nicht übliche kurze Schwertbildung den Schwanzflossenumriß störte.

Versuchszuchten

Auf fast jeder Ausstellung werden Fische gezeigt, die bei den Kombinationsversuchen auftraten, jedoch (noch) nicht im Standard berücksichtigt werden konnten. Oft sind es auch nur Veranschaulichungen der vielfältigen Gestaltungsmöglichkeiten des Erbmaterials innerhalb der Gattung *Xiphophorus*, zum Teil unter Einmischung bisher noch nicht üblicher Wildformen. Es ist erstaunlich, daß selbst sehr attraktive Vertreter auf späteren Ausstellungen nie wieder auftauchen, weil sich die Linie – aus welchen Gründen auch immer – nicht fortsetzen ließ. Entweder fielen nur Weibchen oder nur Männchen mit diesem betreffenden Muster aus, und nach der Einkreuzung anderer Tiere war das Merkmal verloren gegangen, oder die Kombination war wirklich einmalig und nicht einmal über

auch immer das geschrieben wurde.

Auf die blaugrauen Papageienkärpflinge wurde durch schwarze Platies das schwarze Zeichnungsmuster übertragen. So kamen die „Hawaii"-Stämme zustande, deren Männchen einen schwarzen Körper, eine gelbe Rückenflosse und eine rote Schwanzflosse besitzen.

Alle anderen Körperfarben und Zeichnungsmuster sind prinzipiell auf Papageienkärpflinge übertragbar, haben sich aber praktisch nicht bewährt, das heißt, sie wurden von den Liebhabern nicht bevorzugt. Das lag vor allem auch daran, daß gefleckte, halbschwarze und sogar Wagtail-Papageienkärpflinge durch unkontrollierbare

gelbe Partner fortzusetzen. Das schließt jedoch nicht aus, daß irgendwann noch neue Kombinationen vorkommen, die sich erhalten lassen. Oder ist das bisher ermittelte System tatsächlich bereits in sich geschlossen und nur graduell variiert?

Xipho-Krankheiten

Der Begriff „Anfängerfische" ist zwiespältig. Kann man diesen robusten Fischen tatsächlich „alles" zumuten? Eigentlich ist doch gerade der Anfänger bemüht, seinen neuen Pfleglingen viel Aufmerksamkeit entgegenzubringen und ein Maximum an Betreuung aufzuwenden. Nicht immer alles im erforderlichen Rahmen, mitunter des Guten zuviel (Futter!), aber stets aufmerksam. Gefährlicher ist die Routine, wenn das Aquarium selbstverständlich geworden ist und sich herausgestellt

hat, daß es auch mal ein paar Tage ohne Aufwand gut gegangen ist.

Ausbleibender Wasserwechsel, zu hohe Temperaturen und einseitige Fütterung schwächen jeden Organismus, auch den von solchen Fischen, die eigentlich eine Menge „vertragen". Und so sind dann auch die als robust geltenden Platies und Schwertträger nicht unbegrenzt belastbar – besser ist es, die Grenzen gar nicht erst zu erreichen.

Ob ein Fisch erkrankt oder gesund bleibt, hängt vorwiegend mit den Verhältnissen zusammen, unter denen er lebt. Erst sie schwächen oder stärken den Organismus, und damit entscheidet sich, ob eine vorhandene Krankheit ausbricht oder eine mitgebrachte sich ausbreiten kann. Deshalb ist gute Pflege und damit Vorbeugung stets besser als aufwendiges Kurieren.

Im Bemühen, die natürlichen Verhältnisse nachzuahmen, werden Platies und Schwertträgern häufig zu hohe Temperaturen angeboten. Gewiß, in den Heimatgewässern erreichen während der Trockenzeit flache Abschnitte weit über 30°C. Dort sind aber die Fische gar nicht! Sie suchen auch unter diesen Bedingungen schattige Plätze unter Böschungen oder Schwimmpflanzen-Teppichen auf. Es wäre also falsch verstandene Nachahmung, in einem so engen Lebensraum ohne Ausweichmöglichkeiten Temperaturextreme anzubieten. Fehlt dann noch die entsprechende Ernährung, so wird den Fischen eine Leistung abverlangt, die den Energiehaushalt überfordert. Das ist auch nicht mit Futtermengen auszugleichen, es ginge nur mit Qualität und den richtigen Proportionen von tierischer und pflanzlicher Nahrung.

Nun schwanken in unseren Wohnräumen die Temperaturen ohnehin nicht stark, hinzu kommt, daß technisch die Möglichkeit besteht, eine ständig gleichmäßige Wärme zu garantieren. Es gibt Fische, die das brauchen, gerade Lebendgebärende aber nicht. Als Flachwasser-Bewohner sind sie tages- und jahreszeitlichen Schwankungen mehr als im tieferen Wasser lebende Arten ausgesetzt, und gerade in Feilandteichen gewonnene Erfahrungen zeigen, daß die dort gebotenen Temperaturschwankungen von den Fischen positiv beantwortet werden. Von diesem Gesichtswinkel her dürften Platies und Schwertträger, die zwischen 20 und 25°C gehalten, nicht allzu üppig gefüttert werden und regelmäßige Teilwasserwechsel erleben, niemals erkranken.

Leider sieht gerade das Marktbild dieser Fische ganz anders aus. Die Farmzuchten in Asien liefern hervorragend aussehende Zuchtformen, deren Überlebenskampf im Großhandel beginnt und beim Liebhaber häufig schon kurz nach dem Kauf endet. Angelegte Flossen, schaukelnde Körperbewegungen, häufig auch Hautbeläge und einfallende Bäuche dürften eigentlich bei diesen Fischen nicht auftreten, da sie überall Anfängern empfohlen werden.

Nur mit großem Aufwand gelingt es, einen Teil der importierten Fische am Leben zu erhalten. Aus einheimischen Liebhaberzuchten, die den Bedarf freilich nicht decken können,

Die Columnaris-Krankheit (bei einem Schwertträger) ist eine pilzähnliche bakterielle Infektion am Maul

Ursache dafür gesehen werden, daß solche Importfische aus Farmzuchten nach der Ankunft in Europa nur noch ein paar Tage gut aussehen. Schon bald beginnen sie mit angelegten Flossen zu schaukeln, oft wird kein Futter angenommen, und die Schleimhaut beginnt sich abzulösen. Es ist wirklich schade, die oft prächtigen Fische von guter Größe und Kondition nach und nach verfallen zu sehen. Es hat nicht an Versuchen gefehlt, sowohl durch gute Wasserbedingungen als auch durch langsames Absetzen der gleichen Medikamente diese Verluste zu vermeiden. Es gab dabei auch Erfolge, doch kann man leider nicht generell davon sprechen, daß dieses Problem gelöst sei. Zudem ist verwirrend, daß aus den gleichen Farmen Nachzuchten von Barben und Bärblingen oder Labyrinthfischen tadellos ankommen und ohne Schwierigkeiten auf unsere Verhältnisse umzustellen sind. Allein die Lebendgebärenden Zahnkarpfen vertragen die Umstellung nicht gut.

kennen wir dagegen diese Erscheinungen nicht. Es liegt nahe, sich vor Ort über die Bedingungen zu informieren, unter denen die Fische heranwachsen.

Die sind zunächst einmal sehr gut. Wärme, Wasser und Futter stehen ausreichend zur Verfügung, und in den Jahrzehnten der Beschäftigung mit Fischzucht ist auch ein qualifiziertes Personal herangewachsen. Aber, auch diese Anlagen sollen Gewinn bringen! So werden viele Jungfische erzeugt und schon während des Heranwachsens viel zu dicht gesetzt. Der damit verbundenen Gefahr, Nährböden für Krankheitserreger aufzuziehen, wird durch medikamentöse Prophylaxe, oft nach dem Motto „viel hilft viel", zu begegnen versucht. Da die sonstigen Aufzuchtbedingungen – soweit ich das durch eigene Anschauung selbst einschätzen kann – wirklich gut sind, muß in diesen hohen Medikamentenstößen bzw. der Dauereinwirkung von Medikamenten die

So ist der Fachhandel in den letzten Jahren wieder zum Ankauf von Inland-Nachzuchten zurückgekehrt, doch vermag das bisherige Aufkommen den Bedarf des Handels nicht zu decken. Damit sind die eigentlich am leichtesten vermehrbaren Aquarienfische zur Zeit ein unsicherer Sortimentsbestandteil. Für die Zucht der zahlreichen Farbschläge und Zeich-

nungsmuster von *Xiphophorus*-Arten könnte es einen neuen Anfang der traditionellen Aquaristik bedeuten, wenn sich Liebhaber und kommerzielle Züchter verstärkt dieser Problematik annähmen.

Die meisten Fischkrankheiten treten unspezifiisch bei allen Aquarienfischen auf. So werden auch Lebendgebärende Zahnkarpfen von der Weißpunkt- oder Grießkorn-Krankheit (Ichthyophthirius) befallen. Deren Bekämpfung ist mit den heute angebotenen Medikamenten leicht zu bewerkstelligen.

Gefährlicher ist der Befall von Lebendgebärenden Zahnkarpfen mit der als Fischtuberkulose bezeichneten Erkrankung. Die Symptome sind vielseitig, neben Bauchwassersucht, heraustretenden Augen und Abmagerung können Schleimhautschäden und Folgeinfektionen das Gesamtbild unklar gestalten. Aber alle Fachleute sind sich einig: Möglicherweise sind alle Fische befallen, der Ausbruch der Krankheit ist an Pflegemängel gebunden, während äußerlich gesund wirkende Fische unter guten Bedingungen niemals erkranken, obgleich auch in ihren Organen die säurefesten Stäbchen nachweisbar waren. Das unterstreicht den Appell, die Lebendgebärenden trotz ihrer Anpassungsfähigkeit nicht über Gebühr zu vernachlässigen!

Nicht nur in zu engen Aquarien, auch bei unsachgemäßem

Krebsartiges Geschwür im Kopfbereich eines Xiphos, leider nicht heilbar, aber nur selten

Transport können sich die Fische Verletzungen der Maulpartie zuziehen, die anschließend verpilzen. Auch dagegen gibt es Medikamente, viele Aquarianer schwören allerdings auf die Behandlung in Kochsalzbädern. Gewöhnlich wird eine Lösung von einem gehäuften Eßlöffel auf 10 l Wasser für Dauerbäder, höhere Konzentrationen nur für Kurzbäder, empfohlen. Man darf dabei nicht vernachlässigen, daß die Bäder gut durchlüftet werden und während der Behandlung die Temperatur nicht gravierend abfällt.

Xiphos in Freilandteichen

Nicht nur als Urlaubsüberbrückung, auch um die günstigen Aufzuchtbedingungen zu nutzen, sind Freilandteiche gut geeignet, um Schwertträger und Platies während der Sommermonate aufzunehmen. Man sollte sich dann allerdings entscheiden und sie nicht mit Goldfischen oder anderen üblichen Teichfischen zusammen halten. Empfehlenswert ist die Zeit von Ende Mai bis Mitte September. Dabei ist der Anfang kritischer als das Ende der Saison.

Eigentlich vertragen nur undifferenzierte Jungfische das Umsetzen problemlos. Es wäre falsch, langjährig im Aquarium gehaltene, erwachsene Schwertträger oder Platies plötzlich den gänzlich anderen Temperaturbedingungen auszusetzen. Dann kann die erste Woche mit einer kühlen Nacht das Ende dieser Fische bedeuten.

Jungfische ab 3 cm Länge dagegen vertragen die Umstellung tadellos und wachsen den Sommer über zu wahren Prachtstücken heran. Ihnen macht der Temperaturwechsel zwischen Tag (bis und über 30°C) und Nacht (oft 16°C und darunter) nichts aus.

Allerdings sollte man bei der Anlage solcher Teiche berücksichtigen, daß volle Sonne auf die gesamte Fläche nur bei Tiefen über 60 cm unbedenklich ist, andererseits beschattete Gewässer auch im wärmsten Sommer nur mit Mühe 20 bis 22°C erreichen. Es hat sich bewährt, das der Sonne zugekehrte Südufer steiler und das besonnte Nordufer flacher anzulegen. Dadurch ergeben sich stark erwärmte und kühlere Anteile, und die Fische können diese „Temperatur-Orgel" nutzen.

Sie finden neben den Larven von Wasserinsekten vor allem

viele Algen-Arten und suchen am Boden den Mulm nach verwertbaren Stoffen ab. Damit ist eine breitere Futterpalette gegeben, als im Aquarium geboten werden kann. Durch Zufütterung erreicht man eine Konzentration der Fische an einer bestimmten Stelle, die den Sommer über niemals befischt werden sollte. Durch eine geschickt untergeschobene Senke und anschließendes Füttern an der gewohnten Stelle kann man schließlich im Herbst mit einem Zug etwa zwei Drittel der Tiere fangen. Für den Rest benötigt

beobachtet werden. In diesem Punkt sind Schwertträger und Platies wesentlich widerstandsfähiger als der allgemein als unproblematisch angesehene Guppy. Schon eine kühle Nacht im August kann für Guppies im Freilandteich das Ende bedeuten. Besonders Papageienkärpflinge haben sich in meinen Freiland-Versuchen als außerordentlich kälteverträglich erwiesen und dabei hervorragende Körpergrößen und Farbintensitäten erreicht.

Leider haben sich viele Liebhaber durch vermeidbare Fehler

Männchen der Schwertträger-Zuchtform Rot Simpson

man – je nach Geschick und Erfahrung – meist etwas mehr Zeit. Und erstaunt wird man sein, wenn im Oktober noch immer einzelne Tiere bei verblüffend niedrigen Temperaturen

um die Ergebnisse ihrer Freiland-Aufzuchten gebracht. Dazu gehört nicht nur das Umsetzen in zu frisches Wasser. Ehe man zu fangen beginnt, sollte genügend Wasser aus dem Teich ent-

*Paar der Platy-
Zuchtform
Rot Wagtail,
oben Weibchen*

nommen werden und portionsweise gegen frisches ausgetauscht werden. Beim Ablassen
eines Teiches kommt es zwangsläufig dazu, daß sich Fische im
Schlamm verbergen. Solche Fische gehören in ein gesondertes
Gefäß, weil Schleimhaut- und
Kiemenschäden die Lebensfähigkeit stark bedrohen. Vorsichtige Wasserwechsel können
diesen Tieren das Überleben ermöglichen – es hängt allerdings
davon ab, wie lange sie bereits
im Schlamm steckten, deshalb
niemals das gesamte Wasser bis
auf die Schlammschicht abziehen! Können sie aus dem lockeren Bodensatz wieder ins freie
Wasser gelangen, so treten diese
Schäden nämlich nicht ein, und
es ist nur eine Frage der Geduld,
wann man sie bergen kann.

Auf Herbst-Ausstellungen
fallen solche „sonnengereiften"
Teichfische durch intensive Rot-
und Gelbfärbung sowie eine
hervorhebenswerte Vitalität auf.
Das wird auch deutlich, wenn
man Wurfgeschwister teils in
Aquarien, teils in Teichen aufzieht. Leider reicht jedoch unsere Sommerdauer nicht aus,
um mehrere Generationsfolgen
aufziehen zu können. Selbst
wenn die Geschlechtsreife von
Platies noch im Laufe des Sommers eintritt, werden die im
Teich geborenen Jungfische
beim Abfischen im September
noch nicht ihre Geschlechtsreife
erreicht haben. Sie sind aber bei
vorsichtigem Abfischen anpassungsfähig genug, um auch in
Aufzucht-Aquarien ihre körperliche Ausbildung fortzusetzen.